MASSIMILIANO FUGARO

LA VENDITA DIRETTA

Come Sviluppare un Sistema Efficace
di Vendita Diretta
per Massimizzare il Fatturato

Titolo
"LA VENDITA DIRETTA"

Autore
Massimiliano Fugaro

Editore
Bruno Editore

Sito internet
http://www.brunoeditore.it

Sommario

Introduzione

Il **sistema di vendita** si basa su un concetto fondamentale:

Organizzazione = successo

L'obiettivo è quello di raggiungere, in qualità di venditore, uno sviluppo concreto nell'efficacia (ma soprattutto nell'efficienza) personale, nel minor tempo possibile.

Il sistema di vendita è concepito per valorizzare ogni lettore come individuo: l'obiettivo è, infatti, quello di sviluppare in maniera concreta e visibile l'efficacia (ma soprattutto l'efficienza) personale di vendita attraverso la consapevolezza di sé e l'utilizzo, nella pratica, dei fattori base che governano il comportamento umano.

In questo sistema di approccio al cliente, l'uomo sta esclusivamente al centro: fa progressi con se stesso in relazione con altre persone, problemi e sfide del mercato. Esso è inoltre molto partecipativo, raccoglie credito e risultati perché in gran parte si realizza nella pratica quotidiana del lavoro.

«Per essere un buon venditore devi riuscire a ottenere grandi risultati nelle vendite». Questo è quello che comunemente viene insegnato alle persone che lavorano in questo settore. Probabilmente era così in passato, quando il mercato non era ancora saturo e non tutti avevano accesso a quelli che oggi sono beni di consumo ordinari.

Con gli anni, il mercato si è fatto sempre più competitivo, i beni e i servizi sono migliorati, si sono diversificati e sono diventati accessibili alla maggior parte della popolazione, proprio grazie all'aumento del reddito medio. Infine, non dobbiamo dimenticare che le persone hanno un livello d'istruzione molto alto rispetto al passato, quando per vendere si poteva sfruttare la mancanza di conoscenza delle persone considerate più "ingenue".

Oggi la situazione è completamente diversa e pertanto l'obiettivo non è più vendere il maggior numero di prodotti, ma cercare di creare una rete di *passaparola positivi* all'interno della propria cerchia di clienti, in modo che si allarghi costantemente.

Il passaparola non è altro che la trasmissione spontanea da persona a persona di informazioni positive su un determinato venditore (e di conseguenza sul servizio/prodotto che rappresenta).

Analizziamo più a fondo il concetto: il passaparola non è più riferito al prodotto, ma al venditore, che attraverso tecniche, atteggiamenti e attitudini specifici è riuscito a conquistarsi la fiducia (parola chiave per ogni venditore di successo) del cliente, anche se non è riuscito a vendere il suo prodotto durante il primo incontro.

L'obiettivo del venditore, quindi, è quello di creare un passaparola positivo che gli permetta di allargare la sua cerchia di clienti non attraverso le qualità del prodotto, ma attraverso quelle umane, che come ben sappiamo, fanno la differenza in qualsiasi mercato.

Se si pensa come clienti e non come venditori, ci si rende conto che non è una cosa poi così scontata: usando l'empatia ci rendiamo conto che, se fossimo dalla parte del compratore, probabilmente ci faremmo conquistare soprattutto da chi vende un determinato prodotto/servizio, prima che da ciò che sta vendendo.

In definitiva si può dire che ormai, in un mercato in cui molte aziende offrono prodotti di livello simile, la vera differenza la fa il venditore che adotta un approccio al cliente misurato e che, in seguito, è capace di offrire servizi aggiuntivi come il continuo contatto con il cliente al fine di non farlo sentire "abbandonato" dall'azienda, ma seguito e supportato nelle difficoltà quotidiane. È la persona a stabilire le basi di un rapporto di fiducia. E, per rapporto di fiducia si intende non solo che il cliente si serve abitualmente da noi, ma anche che in noi fa completo affidamento.

Come ci si riesce? Soltanto attraverso la conoscenza reciproca!

CAPITOLO 1:
Come trovare la chiave del successo

Ora che abbiamo appurato che alla base del rapporto di fiducia c'è la conoscenza reciproca andiamo ad analizzare come si instaura. Prima di tutto attraverso la comunicazione.

Il mio sistema sposa la teoria secondo cui *il venditore che ha successo è colui che, in ogni fase della trattativa, è consapevole della fase che sta attraversando e sa guidare il suo cliente attraverso i vari passaggi fino alla conclusione naturale dell'acquisto.*

SEGRETO n. 1: impariamo a comunicare adeguatamente al fine di instaurare un rapporto di fiducia (il cliente compra se si fida di noi).

Sarà quindi molto importante seguire le 6 fasi della trattativa, perfettamente illustrate da Gustav Kaeser, che saranno argomento di dettagliata analisi perché ogni vendita, per avere successo e non diventare un "mordi e fuggi", le dovrebbe seguire:

1. preparazione;
2. approccio;
3. analisi del bisogno;
4. argomentazione;
5. conclusione;
6. analisi della visita;

SEGRETO n. 2: nella vita, tutto è pianificazione; anche la vendita va pianificata, nulla va lasciato al caso.

Il sistema di vendita: introduzione

Ricordiamoci i quattro concetti fondamentali che i collaboratori di ogni azienda dovrebbero conoscere perfettamente:

- *La visione.* Il termine *vision* indica, nell'ambito della gestione strategica, la proiezione di uno scenario che l'imprenditore vuole "vedere" nel futuro. Uno scenario che rispecchia le sue aspettative e i suoi valori.
- *La mission.* Con il termine *mission* si definisce il ruolo dell'azienda per attuare la vision. In altre parole, è la strada

che si vuole percorrere per realizzare la vision. La mission aziendale, che deve essere strettamente allineata alla vision, descrive in che modo si vogliono attuare gli obiettivi della stessa.

- *Gli obiettivi.* Devono essere chiari, possibili, identificabili, misurabili, raggiungibili e controllabili. Ogni venditore deve aver chiari quali sono gli obiettivi aziendali al fine di condividerli e "remare nella barca/azienda".
- *I valori.* Il lavoro di squadra, il mutuo rispetto, la responsabilità di tutti, l'animo imprenditoriale, la creatività e l'ottimismo, sono esempi dei valori tipici delle aziende di successo, strettamente legati all'imprenditore e al management. Anche i valori devono essere condivisi in quanto indispensabili per sentirsi parte dell'azienda.

La domande che ogni collaboratore deve porsi sono:

1. Condivido realmente questi valori e questa visione del futuro?
2. Voglio essere un punto di riferimento costante in termini di consulenza e innovazione per chi … (e qui dovrebbe esserci il prodotto oggetto della vendita) …è il mio principale motore?

È evidente che maggiore sarà la coincidenza di questi due elementi, maggiori saranno le chance di risultare convincenti agli occhi del cliente.

Gli strumenti di lavoro

L'azienda deve mettere a disposizione del proprio collaboratore commerciale un gran numero di strumenti di lavoro. L'automobile, il telefono, la carta carburante e la formazione iniziale appaiono scontati, ma soprattutto, e quel che più conta, l'azienda deve dotare ciascuno di noi di strumenti che troppo spesso vengono usati poco o male.

Vediamoli:

- area manager preparato e presente;
- schede clienti (storico clienti);
- lap top con programmi per analizzare nel dettaglio l'andamento e le statistiche relative alla mia performance lavorativa;
- giro visite volto a minimizzare i chilometri in auto e massimizzare le mie chance di successo;
- agenda organizzata in funzione del mio lavoro di venditore;

- campionario;
- promozioni;
- gadget e omaggi.

SEGRETO n. 3: facciamo un elenco degli strumenti di lavoro che ci sono necessari e assicuriamoci di averli tutti!

Il problema è che questo kit di sopravvivenza essenziale viene spesso usato poco e male, o in modo approssimativo, perché o non siamo convinti della sua utilità oppure siamo troppo presuntuosi per ammetterlo. Per un venditore all'inizio della propria attività, però, la strada da percorrere non è sempre spianata ma, al contrario, irta di difficoltà, barriere e ostacoli che sono di tipo:

- io;
- tu;
- esso.

Per "esso" si intende l'ambiente esterno, la realtà di tutti i giorni. Le leggi e le normative che ci governano, il tempo meteorologico, tutto ciò che ci circonda e che non è controllabile. Ad esempio l'arrivare in ritardo a un appuntamento per colpa del traffico o di un incidente o, ancora, di una slavina.

L'"esso" si può fare davvero poco per evitarlo. Ovviamente anche gli ostacoli di tipo "esso", con organizzazione e previdenza, possono essere evitati il più possibile. Ad esempio il traffico è prevedibile: meglio arrivare 30 minuti in anticipo e aspettare (magari facendo qualche telefonata di lavoro per di ottimizzare il tempo) piuttosto che arrivare con 30 minuti di ritardo!

Il "tu" è il rapporto che ognuno di noi ha con le altre persone, dal capo con il quale si ha qualche divergenza, al cliente complicato da gestire, alle relazioni familiari e così via. Con il "tu" si può fare la propria parte e cercare di migliorare le relazioni esterne, ma non si può certo pensare di cambiare la testa di tutti quelli che ci stanno attorno. Sicuramente anche qui i margini di intervento sono pochi ma, grazie alla comunicazione (nel caso del cliente), all'emulazione (nei confronti del collaboratore) e alla pragmatica conciliazione (nel caso del capo) si possono migliorare i rapporti a ogni livello.

Dobbiamo ricordarci, inoltre, che se conosciamo i principali ostacoli di tipo "tu", nella nostra comunicazione possiamo cercare di evitare di ingenerare nell'interlocutore confusione o incomprensioni.

Ecco alcuni esempi di situazioni e comportamenti a cui fare particolare attenzione.

Tendenza a integrare il messaggio

In aula faccio sempre lo stesso esempio perché è molto calzante, anche se non propriamente legato alla vendita. Se io dicessi: «Roma non fa...» la maggior parte delle persone penserebbe «...la stupida stasera», e magari non presterebbe attenzione al seguito del mio discorso, quando invece io volevo solo dire «Roma non fa più paura al turista perché le pattuglie di polizia municipale garantiscono maggior sicurezza nel centro storico».

Tutti noi tendiamo ad attivare un ascolto selettivo (che tratteremo più avanti) che non ci consente, a volte, di recepire *in toto* il messaggio che l'interlocutore ci vuole trasmettere. Quindi, quando trasmettiamo un messaggio dobbiamo sempre tenere conto che il nostro interlocutore potrebbe integrare e attuare tutte le misure possibili a evitarlo!

Scarso interesse

Quando comunichiamo con il cliente, dobbiamo sempre tener presente che il nostro messaggio potrebbe risultare noioso. Il tono di voce deve essere vario (non mono-tono), bisogna cercare di utilizzare esempi calzanti e avvincenti ecc.

Dare per scontato

Non si può mai dare per scontato che il cliente conosca perfettamente la materia di cui stiamo parlando o le caratteristiche tecniche del prodotto. Quindi dobbiamo sempre stare attenti ai segnali verbali (sì, no, umh, ehm, vero, boh) e non verbali (aggrottare le sopracciglia, grattarsi la testa, grattarsi il collo o il naso ecc.).

Resistenza al cambiamento

Valutare immediatamente se vi sono dei competitor e quali sono i punti di forza del proprio prodotto rispetto a quello utilizzato dal cliente. Ovviamente nessuno è disposto a cambiare facilmente un prodotto con il quale si trova bene! La domanda di un commerciale, quindi, dovrà essere: «Come si trova con il prodotto che usa al momento?» Come prima cosa, infatti, possiamo provare a vedere se, per un colpo di fortuna, il nostro cliente ha dei problemi con il prodotto, con l'azienda o il commerciale concorrente.

Meccanismi di difesa (pregiudizi su chi vende)

Nell'immaginario collettivo c'è l'idea che tutti i venditori siano bugiardi o che venderebbero anche la propria madre pur di chiudere un contratto. Solitamente all'affermazione: «Ah, voi venditori fregate sempre tutti» io non rispondo: «No, non è vero! Io non sono come gli altri!» come fa la maggior parte dei miei colleghi. Dico invece: «Quindi lei è stato truffato da tutti i venditori che ha conosciuto?» «No... certamente no!» ribatterà il cliente. A quel punto concludo con un: «Ah... capisco...»

In quel mio «Ah... capisco...» seguito da un momento di silenzio, lascio il tempo al cliente di capire di aver fatto una generalizzazione. Non mi sono messo in contrapposizione e, senza dirlo apertamente, ho fatto intendere al mio interlocutore che io sono diverso dagli altri!

L'"io" riguarda il rapporto con se stessi, la determinazione, la concentrazione, l'umore, la pazienza... insomma, tutto quello che riguarda il comportamento. Con il proprio io si può fare tanto per migliorare, soprattutto grazie alla consapevolezza che aiuta a capirne limiti e ostacoli.

SEGRETO n. 4: ricordiamoci che, in una vendita, l'ostacolo maggiore da superare siamo noi stessi.

La cosa fondamentale da capire è che, prima di poter superare gli altri ostacoli, si devono superare quelli posti dal proprio io. È troppo facile inventare alibi, scuse, giustificazioni, scaricare la colpa sugli altri senza prendersi le proprie responsabilità. Ci si prende in giro da soli e non si affrontano le proprie barriere. L'ostacolo "io" è un vero e proprio freno a mano tirato nella carriera di ogni venditore. Ed è su questo aspetto che lavoreremo!

È sul superamento di questo ostacolo che ogni venditore dovrebbe lavorare continuamente. Appena il venditore smette di pensare a migliorare e migliorarsi entra in un *loop* negativo che lo porterà a implodere e a essere meno incisivo sul mercato. Ma quali sono questi freni?

Freni in eccesso (avere troppo/a...)

Timore

Si potrebbe dire che nella vita chi non fa non sbaglia, quindi, per evitare di fare errori, meglio non agire. Questo però implica anche che non si raccoglieranno i frutti dei propri successi. È giusto avere timore di sbagliare, e ci può essere da freno nei momenti in cui vorremo azzardare rischiando di "bruciarci" il cliente. Ma sicuramente troppa prudenza non ci aiuta a evolvere.

Spesso consiglio ai miei agenti di prendere materialmente un foglio ed elencare, magari attraverso un brainstorming, tutti i pro e i contro nell'operare una determinata scelta. A quel punto, tutto sarà più facile e valutabile!

Presunzione

Troppa sicurezza di riuscire in tutto ciò che si fa, spesso impedisce di raggiungere i propri obiettivi. Magari si riesce a portare a termine tutti i lavori assegnati, ma lo si fa malamente perché, troppo sicuri di essere sempre nel giusto, si perde di vista la visione d'insieme o, ancor peggio, il cliente e le sue necessità.

Abitudine

Si ha quando si resta fermi nelle proprie convinzioni senza lasciare spazio a suggerimenti per migliorare le proprie competenze e conoscenze («ho sempre fatto così, perché cambiare?»). Il ragionamento può mutare le abitudini e aiutare a migliorare. Per il timore di sbagliare, si mantengono delle abitudini con la presunzione che siano efficaci.

In molte aziende si lavora per precedenti, senza capire che, se le cose non vanno bene, di certo non miglioreranno ripetendo sempre lo stesso sistema .

Freni per carenza (avere poco/a...)

Obiettivi

Senza obiettivi si ha la tendenza a adeguarsi agli obiettivi degli altri. Ogni essere umano dovrebbe avere i propri. Attenzione però al "chi vuole troppo nulla stringe".

Programmazione

Una delle maggiori difficoltà è quella di non riuscire a programmare le azioni da compiere per raggiungere gli obiettivi che si è posti. Bisogna innanzitutto concentrarsi sull'obiettivo e pensare alle azioni più idonee da intraprendere per raggiungerlo.

Perseveranza

Questa caratteristica manca soprattutto alle persone che non hanno fiducia in se stesse. Non è facile persistere nei propri intenti quando spesso ci si trova a sentirsi rispondere di no e si perde la grinta. Bisogna invece perseverare e, alla fine, si raggiungerà il proprio obiettivo.

Tra questi due freni c'è il giusto equilibrio di ogni persona. E dunque il suo successo. Un uso consapevole ed efficace degli strumenti aziendali di lavoro permette di minimizzare i rischi di insuccesso professionale e di aumentare l'efficienza.

Ricordiamoci anche di altri due grandi limiti del venditore: l'inadeguatezza del codice scelto e le problematiche di ascolto.

Inadeguatezza del codice scelto

Un bravo venditore deve essere come lo sgabello di un pianista, che si può alzare o abbassare. Deve cioè alzare o abbassare il livello della sua comunicazione (difficoltà dei termini utilizzati) a seconda dell'interlocutore. Usare una terminologia troppo semplice risulta noioso, usarne una troppo difficile, magari per sembrare preparati, non fa giungere correttamente il messaggio.

Problematiche di ascolto

Si sintetizzano come segue:

I LIVELLI DI ASCOLTO

<table>
<tr><td colspan="3"><u>EMPATIA</u></td></tr>
<tr><td colspan="3">ASCOLTARE ATTIVAMENTE FINO IN FONDO</td></tr>
<tr><td rowspan="3">ASCOLTO SELETTIVO (solo finché...)</td><td>Filtri di interesse</td><td>MI INTERESSA/NON MI INTERESSA</td></tr>
<tr><td>Filtri di giudizio</td><td>GIUSTO/SBAGLIATO</td></tr>
<tr><td colspan="2">SO GIA' ...</td></tr>
<tr><td colspan="3">PENSARE A COSA DIRE DOPO</td></tr>
<tr><td colspan="3">INTERROMPERE</td></tr>
<tr><td colspan="3">IGNORARE</td></tr>
</table>

Empatia

Il primo passo per comunicare in modo ottimale con il cliente è creare empatia (i metodi per farlo li lascio alle capacità personali di ogni venditore; altrimenti uno studio approfondito della PNL, la Programmazione Neuro Linguistica, può essere utile per raggiungere quanto desiderato).

Ascoltare attivamente fino in fondo

Si tratta semplicemente di ascoltare con attenzione tutto quello che dice il nostro interlocutore, dalla prima all'ultima parola. Sembra scontato, ma noi tendiamo ad attivare un ascolto selettivo:

- Mi interessa o non mi interessa: se vogliamo avere successo nella trattativa dobbiamo avere interesse totale per il cliente.
- Giusto o sbagliato: spesso le cose sbagliate ci danno comunque informazioni utili per la nostra trattativa.
- Lo so già: spesso il venditore è "vittima" della presunzione e, dopo qualche tempo, convinto di aver sentito ogni obiezione o argomentazione, spesso smette di ascoltare inutile sentire l'ennesima argomentazione identica alle altre; tuttavia perdere l'argomentazione/obiezione ci toglie la possibilità di conoscere le reali leve motivazionali del nostro cliente.

Un altro grandissimo limite del venditore è fare quello che facciamo quotidianamente quando litighiamo con qualcuno: pensare sempre a cosa dire dopo! Se penso a cosa devo dire dopo, non ascolto quello che sta dicendo il mio interlocutore. La cosa migliore da fare è quindi, come dicevamo prima, ascoltare attivamente fino in fondo, fare 5/10 secondi di pausa, pensare e poi rispondere. Sicuramente quello che diremo sarà maggiormente aderente alla reale obiezione fattaci.

Interrompere

Così come a noi non piace essere interrotti mentre parliamo, anche il nostro cliente si aspetta il medesimo riguardo. Ricordiamoci però che se è il cliente a interromperci per raccontarci qualcosa è un ottimo segno, perché vuol dire che è interessato alla nostra offerta!

Ignorare

Ignorare il cliente impedisce il crearsi dell'empatia e, ovviamente, non ci consente di ascoltare adeguatamente quanto ci dice il cliente.

SEGRETO n. 5: conoscere le problematiche che può incontrare il nostro cliente nel ricevere il messaggio ci aiutano a evitarle.

Efficienza = capacità di raggiungere l'obiettivo con il minimo scarto di spesa, risorse o tempo impiegati.

Il mercato odierno, tranne rarissime eccezioni, è un mercato saturo (almeno a livello europeo) a differenza di qualche anno fa quando era un mercato di conquista. In un mercato saturo si lavora "per sostituzione" rispetto alla concorrenza e non più per conquista, come avveniva un tempo.

In un mercato del genere non vince il più dinamico o il più determinato, come avveniva un tempo, ma prevale il più organizzato o, per meglio dire, il più "efficiente". Ecco perché è importante usare gli strumenti che l'azienda ci mette a disposizione a partire proprio dal giro visite e dall'agenda.

Un buon venditore deve essere in grado di "pretendere" dall'azienda gli strumenti necessari o, nel caso non fosse possibile, deve essere capace di realizzarli o di dotarsene autonomamente.

Preparazione della visita a un cliente già acquisito

La domanda che dobbiamo farci è molto semplice: «Quando mi preparo? E soprattutto, cosa mi preparo?» La preparazione della visita è un'azione continua che comincia la sera, quando in agenda segno i punti di forza sui quali spingere la mia trattativa, le preferenze del mio cliente, i prodotti che per lui sono più appetibili, le possibili obiezioni. Non si deve mai improvvisare con i clienti; se risulta utile essere flessibili per poter cambiare strategia nel momento in cui la scelta iniziale non si rivela congeniale, bisogna comunque essere preparati e avere un'idea ben chiara di dove si vuole portare la conversazione.

Arrivati dal cliente, la prima cosa che dobbiamo stabilire è l'empatia. Ci sono persone che hanno una dote naturale in questo senso, ma se si vuole un sistema sicuro e immediato, la PNL con il rispecchiamento e altre tecniche mirate vi farà guadagnare in modo più sistematico e veloce la simpatia e la fiducia del cliente.

Riteniamo che la preparazione consista anche nel prendere appunti dal cliente, per poi proseguire in auto trasferendo gli appunti sull'agenda e finire a casa nel momento in cui, a una o due settimane di distanza, si preparerà il materiale o le promozioni o le offerte da portare. In un mercato di sostituzione come quello odierno è inoltre essenziale continuare ad alimentare il proprio database con i clienti nuovi che posso sempre trovare sul mercato (anche quando credo di conoscere perfettamente l'intera zona).

La preparazione è fondamentale prima di un incontro: sapere il nome della persona con cui si parlerà, l'attività che svolge, il suo ruolo (quindi se è la persona giusta con cui parlare, quella che ha potere decisionale), quali sono stati i suoi ultimi acquisti, se è un buon cliente (ovvero se paga puntualmente) ecc.

Anche le informazioni personali sono molto importanti, in primo luogo perché ai clienti fa piacere sapere che ricordiamo le informazioni che ci hanno trasmesso, ma anche perché durante la vendita, quelle informazioni si possono contestualizzare tarandole maggiormente sul cliente e utilizzando solo esempi aderenti alle aspettative del soggetto al quale ci rivolgiamo. Per esempio, se devo proporre un elettrodomestico a un negoziante che ha figli, desterò maggiormente la sua attenzione se illustrerò la comodità di utilizzo e le mille applicazioni utili per chi ha figli. Viceversa, se non ne ha, dovrò trovare altri esempi per esaltare le prestazioni del mio elettrodomestico.

Inoltre, come si diceva in precedenza, bisogna essere portatori di positività, avere un atteggiamento positivo, tranquillo, sorridente (linguaggio del corpo) e trasmettere sicurezza attraverso le azioni e l'approccio con il cliente.

Preparazione della visita a un cliente nuovo

Prima di affrontare la visita a un cliente nuovo è importante ricordare la seguente "*checklist*":

- Con chi voglio parlare? (nome, ruolo in azienda ecc.).
- Dove lavora di preciso? (indirizzo sede/cantiere/ufficio ecc.).
- Che campione gli porto? (a seconda del tipo di attività).
- Quanto è affidabile? (vedi ufficio contabilità clienti, passaparola ecc.).
- Perché dovrebbe essere interessato alla mia azienda?

La cosa realmente importante è preparare quello che si dirà per incominciare. La fase di rottura del ghiaccio è importantissima in quanto non si ha una seconda occasione per fare una prima buona impressione! Devo dare al cliente una valida motivazione per starmi ad ascoltare. E ripassare tutti gli strumenti che internet e la stampa di settore mi consentono...

Ad esempio, per fare analisi di mercato possiamo sfruttare vari database:

- CCIAA (database delle camere di commercio);
- Pagine Bianche;
- Pagine Gialle;
- Telextra (www.telextra.it o www.elenchitelefonici.it);
- associazioni di categoria, collegi di studi tecnici, progettisti;
- università o centri di formazione (se il prodotto lo consente si possono organizzare seminari);
- riviste di settore (informazioni, fiere localizzate ecc.).

A quel punto si inizia l'analisi di mercato cercando di capire come comporre nel modo più mirato possibile il database di clientela, utilizzando un semplice strumento come quello sottostante:

Tipologia del cliente	Es.: carpenteria e falegnameria
Concorrenti – partner presenti	Es.: Wuerth, Sbc Spax, Makita…
Prezzo della concorrenza	Es.: -10% medio
Stima del potenziale	Es.: numero macchinari, dimensioni
Numero addetti	10 / 100 / 1.000 …

Moduli per fare analisi di mercato

Clienti diretti (tempo breve)	Es.: rivendite
Clienti “moltiplicatori” (influenzatori) (tempo medio lungo)	Prendendo l’esempio precedente della falegnameria: Ingegneri, architetti, colleghi, CCIAA, riviste specifiche, fiere, formazione professionale ecc.

Il giro visite sarà strategicamente valido nel momento in cui gli obiettivi di breve e di lungo periodo saranno il più possibile in equilibrio: a questo punto, e solo a questo punto, sono pronto per iniziare a trasferire i miei nominativi sull’agenda seguendo lo schema seguente:

Giorno	Cliente	Indirizzo

È di fondamentale importanza saper modificare e definire sempre più nel dettaglio il nostro giro visite. Più sarà chiaro e correttamente impostato, più la nostra percentuale di successi aumenterà, mentre diminuiranno i chilometri percorsi in auto! Infatti, per ogni tipologia di prodotto venduto, se riusciamo a fare 200/300 visite al mese reali e a pianificare, abbiamo la garanzia di successo nel raggiungimento dei nostri obiettivi.

Ricordiamo sempre che ai clienti piace sapere e vedere che li visitiamo regolarmente e che in noi possono contare perché siamo sempre presenti. Quindi, quando compiliamo il nostro giro visite, dobbiamo anche immediatamente stabilire, in base al numero di clienti nella zona di nostra competenza, ogni quanto tornare a far visita ai nostri potenziali clienti. Se decidiamo di passare ogni due settimane, finita la giornata dovremo immediatamente riportare l'appuntamento dopo 14 giorni, appuntandoci, finché ne abbiamo memoria, cosa dovremo fare o portare in quella visita. Attribuendo pesi diversi a clienti diversi e utilizzando il "modulo" del giro visite in modo efficace:

Ora	Lunedì	Martedì	Mercoledì	Giovedì
08/09	Hofer Campione			
09/11	Rossi …			
10/11	Bianchi …			

Trasferendo quindi fisicamente il "piano" (ma sarebbe meglio dire la strategia) sull'agenda! Di fondamentale importanza è l'utilizzo dello storico clienti. Nella preparazione della visita bisogna sempre tirare fuori tutte le statistiche relative al fatturato dei singoli clienti. Abbiamo in dotazione le cartelle clienti? Ce le siamo create? Le usiamo?

Nelle cartelle è fondamentale scrivere 4 dati:

- fatturato anno in corso;
- fatturato anno precedente;
- variazione % (se negativa, perché?);
- numero di ordini aperti.

A questo punto dalla strategia si passa alla tattica. Ovvero dal macro si passa al micro e, per ogni singolo cliente, si inizia a valutare dove si può migliorare il fatturato su singoli e specifici aspetti come quelli elencati di seguito:

1. Grazie allo storico potrò in primo luogo andare a vedere:
   - Che sconti sono stati effettuati;
   - Quanti e quali prodotti compra;
   - Quali prodotti che non compra potrei offrirgli
2. Sempre nello storico dovrò andare a controllare:
   - Quanti prodotti vendo?
   - Quali prodotti vendo di più (e a questo punto bisogna chiedersi perché)?
   - Quali prodotti mi fanno entrare più facilmente (prodotti apripista)?

Quindi, con strategie mirate sui principali clienti, stabilire come intervenire, con che specifiche promozioni, su quali categorie di prodotto e preparare un piano di attacco (magari assieme al proprio capo area!).

Ricordiamoci sempre che l'azienda sarà ben felice di creare delle nuove promozioni o di plasmare delle offerte il più possibile aderenti al nostro cliente. A mio avviso è molto importante che l'agente si "ritagli" un piccolo margine per poter trattare in modo diverso un cliente importante o un cliente nuovo, ma è un suo diritto chiedere alla direzione vendite che vengano studiati e creati dei sistemi di vendita e delle offerte che facilitino la vendita e che permettano di "entrare" dal cliente con maggior facilità.

RIEPILOGO DEL CAPITOLO 1:

- SEGRETO n. 1: impariamo a comunicare adeguatamente al fine di instaurare un rapporto di fiducia (il cliente compra se si fida di noi).
- SEGRETO n. 2: nella vita, tutto è pianificazione; anche la vendita va pianificata, nulla va lasciato al caso.
- SEGRETO n. 3: facciamo un elenco degli strumenti di lavoro che ci sono necessari e assicuriamoci di averli tutti!
- SEGRETO n. 4: ricordiamoci che, in una vendita, l'ostacolo maggiore da superare siamo noi stessi.
- SEGRETO n. 5: conoscere le problematiche che può incontrare il nostro cliente nel ricevere il messaggio ci aiutano a evitarle.

CAPITOLO 2:

Come creare la relazione

L'approccio con il cliente: i concetti base di vendita e di comunicazione

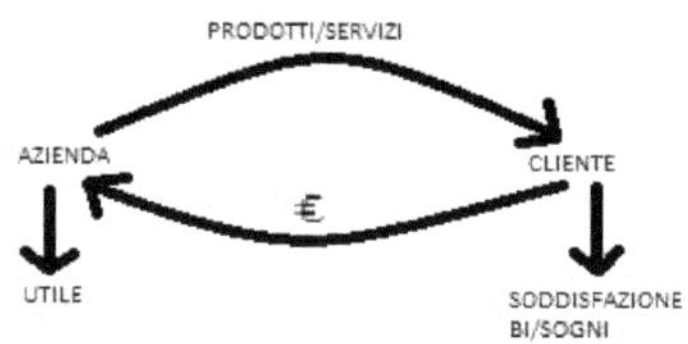

Prima di passare alla fase di rapporto diretto con il cliente, è necessario ricordare ancora una volta qual è il compito del venditore e, in una parola, in cosa consiste la sua *job description*. Il compito del venditore è "fare marketing diretto" Bene, ma cos'è il marketing?

Definizione di marketing: insieme di azioni che l'azienda compie per raggiungere potenziali clienti e stabilire con essi rapporti equilibrati e ripetuti nel tempo.

Pertanto il ruolo del venditore è fare marketing diretto per l'azienda, ovvero comprendere nel modo più dettagliato e personalizzato possibile i reali bisogni del cliente.

SEGRETO n. 6: il marketing consiste nel fare in modo che si parli bene del venditore, dell'azienda e del prodotto… ma anche che il cliente cominci a consigliarli ad altre persone!

Non esiste il modo perfetto per svolgere questo mestiere, e soprattutto ognuno deve cercare il proprio, ma è innegabile che per riuscire in questo ruolo è necessario diventare competenti nella comunicazione.

Comunicazione = vendita.
Trasmettere un concetto = convincere = vendere.

Analizziamo quindi il concetto di **comunicazione** e cerchiamo di capire come funziona e quali regole segue.

SEGRETO n. 7: alla base del marketing c'è la con-vinzione e cioè che entrambe le parti facciano "l'affare".

È un dato di fatto che si comunica in qualsiasi momento, fin da neonati, anche quando non si parla. Si può comunicare con il corpo, con i gesti, con il tono della voce e non solo con la parola.

Infatti oltre il 90% dell'efficacia della comunicazione (esperimento di Albert Mehrabian) non viene dalle parole: Solo il 7% è comunicazione verbale; il 35% è paraverbale (tono, pause, intercalari...) e, infine, il 58% è linguaggio del corpo.

Spesso però capita di non essere coerenti tra quello che si dice e quello che esprime il nostro corpo e questa mancanza di coerenza porta a non essere convincenti.

SEGRETO n. 8: la comunicazione non è data esclusivamente da quello che diciamo ma soprattutto da come lo diciamo: solo il 7% della comunicazione è verbale, il 35% è paraverbale e il 58% è linguaggio del corpo (non verbale).

Saper comunicare significa invece indurre gli altri ad agire in un determinato modo, significa anche convincerli di un qualcosa, metterli in moto, ma prima bisogna mettere in moto noi stessi.

Di fatto *è convincente colui che è convinto, ed è convinto colui che è coerente tra cosa dice e come lo dice.*

Con-vincere significa, letteralmente, **vincere insieme**. Nella trattativa di vendita non esistono vincitori e perdenti, ma devono esserci solo vincitori. Spieghiamo meglio questo passaggio: il bisogno è a monte di tutto il processo della trattativa e senza di esso l'incontro non esisterebbe.

Per soddisfarlo è necessario un prodotto/servizio/venditore con determinate caratteristiche. Queste caratteristiche rappresentano un vantaggio per il cliente, ecco perché bisogna saperle comunicare in maniera adeguata e con-vincerlo, in modo che alla fine della trattativa entrambe le parti abbiano ottenuto un beneficio.

Durante la trattativa è dunque necessario impostare la comunicazione sui bisogni "reali" e intimi del cliente e sui benefici che otterrà acquistando quel determinato prodotto. Egli ha infatti la necessità di soddisfare bisogni di tutti i tipi: palesi, latenti e personali (per quelli palesi non è necessario un venditore, ma una persona che raccolga gli ordini dei clienti).

Il compito del venditore è proprio quello di scoprire i bisogni latenti di ogni cliente e pertanto di "spiegargli" come possono essere soddisfatti proprio dal prodotto/servizio che si rappresenta. In questo modo si genererà la "fiducia", che è poi ciò che il cliente realmente acquista, e ciò per cui è disposto a spendere una cifra superiore rispetto alla concorrenza.

SEGRETO n. 9: quando iniziamo una trattativa non dobbiamo presentare quello che interessa a noi ma quello che interessa al cliente. Dobbiamo quindi analizzare i bisogni palesi ma soprattutto quelli latenti (esaminati meglio nel prossimo capitolo).

L'approccio con il cliente

L'approccio è la parte fondamentale di qualsiasi relazione, non solo tra venditore e compratore, ma tra tutti gli esseri umani. È infatti durante l'approccio che si capisce se c'è sintonia con l'altra persona, se si può prendere/dare maggiore confidenza e capire se l'interazione sarà piacevole o potrà risultare difficoltosa.

Lo stesso vale per l'approccio con i clienti. Bisogna quindi possedere delle buone capacità empatiche, spesso anche psicologiche, per capire che tipo di tecnica utilizzare al fine di creare armonia durante la trattativa. Se queste capacità di empatia non si possiedono in maniera innata, è utile svilupparle attraverso alcuni suggerimenti mutuati dalla PNL.

I primi 30 secondi sono fondamentali per instaurare una buona relazione tra due esseri umani e per questo motivo è utile per il venditore adoperare degli stratagemmi per non creare imbarazzo o difficoltà durante la trattativa.

Come? Immaginiamo due sgabelli. Con la loro flessibilità, rappresentano la possibilità di mettere le due persone allo stesso livello, o meglio permettere al venditore di mettersi allo stesso livello del suo cliente.

Durante questa fase, denominata "rapport", è fondamentale (richiamando i concetti della PNL) *creare una relazione in equilibrio con il cliente*, mettersi quindi allo stesso livello del cliente sotto tutti i punti di vista. Questo concetto si espleta in una serie di "trucchi" tipici che ci aiutano a costruire rapport.

Il primo consiglio è di **non utilizzare** la cosiddetta **mano condor**; in altre parole, non bisogna presentarsi porgendo la mano come se stessimo attaccando l'interlocutore, ma lasciare che sia lui stesso a porgerla per primo o, meglio ancora, in contemporanea con lui. Questo serve soprattutto per non trasmettere la sensazione di essere in ansia e smanioso di ricevere l'attenzione dell'altra persona.

Altro stratagemma efficace per stabilire equilibrio riguarda l'uso del "*tu*" (con chi ci dà del tu, fosse anche una persona più anziana) o del "*lei*" (con chi è più formale e vuole continuare a darci del lei fosse anche una persona più giovane), in base alla confidenza che il nostro interlocutore ci concede e quello della *posizione da tenere* (ad esempio seduti se l'interlocutore si è accomodato, oppure in piedi se egli non accenna a sedersi). Presentarsi dicendo chi si è, chi si rappresenta e soprattutto (al fine di "muovere" l'altro verso di noi) dichiarandogli il **motivo** della visita.

Per quanto riguarda il linguaggio, è importantissimo utilizzare una **terminologia adatta**, soprattutto al livello di conoscenza tecnica del nostro interlocutore, in modo da non esser considerati saccenti mettendolo disagio, ma nemmeno uno sprovveduto non appartenente al settore.

Altro accorgimento utile è quello di **non** usare le cosiddette **parole killer**, ad esempio "rubare", "sicuramente", "non è che...", "niente...", "disturbare" ecc., perché creano un'atmosfera negativa e non aiutano certo la buona riuscita della nostra trattativa. In assoluto, la parola più usata nella comunicazione (e la meno utile per un venditore) è la parola "no"!

Cerchiamo ogni giorno di migliorarci a dire sempre meno di no, e avremo già fatto un grosso passo in avanti verso il successo nel lavoro di vendita.

Noi diciamo “no” in media 450 volte al giorno, del resto è una delle prime parole che ci vengono insegnate dai nostri genitori che, per salvaguardare la nostra incolumità, fin da piccoli ce la ripetono in continuazione!

Con il nostro cliente dobbiamo sostituire la parola “no” con... indovinate cosa? Il sì! Ovviamente non si può dire sì e basta ma si può utilizzare il “sì... e”.

Ad esempio:
Cliente: «Trovo che questo nuovo prodotto che avete immesso sul mercato sia inferiore a quello che ha sostituito».
Venditore: “Sì... e potrà notare che sono state anche introdotte un sacco di migliorie, sia tecniche che di design, che gli permettono di essere il prodotto top della gamma sia tra i nostri articoli che tra quelli dei nostri concorrenti».

Inizialmente farete fatica, e il dire “sì... e” vi suonerà strano, ma è l'unico modo per non entrare in conflitto con il vostro interlocutore. Ricordate che il "sì... ma" o il "sì... però" equivalgono a un no. Il "sì... e" viene letto come un accondiscendere e predispone il cliente ad ascoltare produttivamente il seguito della frase.

SEGRETO n. 10: attenzione alle parole "killer": spostare il peso della conversazione e sembrare inopportuni può essere una questione di linguistica, e ricordiamoci che la linguistica è importante!

Ricordiamoci poi di non dare mai per scontato che il cliente abbia capito tutto o che conosca il nostro prodotto e le sue caratteristiche. Bisogna ascoltare quello che il cliente dice fino all'ultima parola prima di iniziare a pensare alla risposta! Molti venditori pensano di essere così esperti da sapere già quale sarà l'obiezione del cliente e iniziano a pensare alla risposta più appropriata mentre l'interlocutore sta ancora parlando, perdendo così una grossa parte di quanto gli viene detto. Magari nella parte persa ci sono cose realmente importanti che andavano ascoltate!

Ultimo suggerimento è quello di **non** introdurre *questioni di principio*, quali, ad esempio, calcio, politica ecc., poiché si potrebbe incappare in una divergenza di opinioni impossibile da sanare e rischiare, così, di compromettere la trattativa.

Può sembrare una sciocchezza, ma *dopo questi 30 secondi di approccio, sono necessari 4-5 secondi di silenzio* che permettano a entrambi gli interlocutori di immagazzinare e analizzare le informazioni ricevute e, soprattutto, di creare l'atmosfera necessaria alla trattativa. Inoltre, al venditore servono per fare un respiro profondo e iniziare a mente lucida la discussione, ma soprattutto per non dare l'impressione di andare di fretta e, in questo modo, generare ansia nell'interlocutore.

Riassumendo (calibrazione del cliente):

- inadeguatezza del codice scelto;
- parole killer ("non", "le rubo un attimo", "disturbo", "niente", "mi scusi");
- dare per scontato;
- questioni di principio.

RIEPILOGO DEL CAPITOLO 2:

- SEGRETO n. 6: il marketing consiste nel fare in modo che si parli bene del venditore, dell'azienda e del prodotto... ma anche che il cliente cominci a consigliarli ad altre persone!
- SEGRETO n. 7: alla base del marketing c'è la con-vinzione e cioè che entrambe le parti facciano "l'affare".
- SEGRETO n. 8: la comunicazione non è data esclusivamente da quello che diciamo ma soprattutto da come lo diciamo: solo il 7% della comunicazione è verbale, il 35% è paraverbale e il 58% è linguaggio del corpo (non verbale).
- SEGRETO n. 9: quando iniziamo una trattativa non dobbiamo presentare quello che interessa a noi ma quello che interessa al cliente. Dobbiamo quindi analizzare i bisogni palesi ma soprattutto quelli latenti (esaminati meglio nel prossimo capitolo).
- SEGRETO n. 10: attenzione alle parole "killer": spostare il peso della conversazione e sembrare inopportuni può essere una questione di linguistica, e ricordiamoci che la linguistica è importante!

CAPITOLO 3:

Come arrivare al cuore della trattativa

L'analisi del bisogno

Nel mondo delle vendite esistono tre tipi di bisogni: palese, latente e relazionale.

- Il *bisogno palese* è quello di cui la persona è consapevole (ad esempio la lista della spesa, beni di prima necessità, la vita...);
- Il *bisogno latente* è quello che non si sa di possedere, quindi inconscio o comunque posto a un livello più profondo (ad esempio per prodotti complementari, servizi accessori, consulenza, formazione);
- Il bisogno relazionale è quello di creare relazioni di diversa natura con gli altri (ad esempio bisogno di potersi fidare, bisogno di sicurezza, di sentirsi speciale ecc.).

Ricordiamo che la motivazione non è nient'altro che la pulsione interiore che genera comportamenti tesi al raggiungimento di un fine che permetterà l'estinzione di un bisogno.

SEGRETO n. 11: spesso il cliente non ha ben chiari quali siano i suoi bisogni; siamo noi a doverlo aiutare a definire le sue necessità.

Ovviamente, il bisogno che dobbiamo creare è il bisogno d'acquisto.

LE MOTIVAZIONI D'ACQUISTO

Sono molte e diverse tra loro ma si dividono essenzialmente in 2 categorie:

Quindi per il nostro cliente la motivazione primaria potrebbe essere avere i prodotti base per svolgere il proprio lavoro (un ufficio o un locale adeguato, delle attrezzature funzionali ecc.).

Le motivazioni d'acquisto secondarie o relazionali possono riguardare l'avere un prodotto sicuro, o uno all'avanguardia, essere alla moda, avere un agente che sia sempre disponibile, garanzie elevate, dimostrazioni pratiche o giornate tecniche ecc.

Quando ci avviciniamo a una condizione di acquisto, in genere, non abbiamo sviluppato una coscienza analitica dei nostri bisogni, ma ne abbiamo una visione soltanto percepita (lo stesso vale anche per l'offerta che ci viene fatta).

Quando decidiamo di andare a comprare, ad esempio, un paio di scarpe da ginnastica in un negozio, abbiamo quasi sempre solamente un'idea vaga del tipo di scarpe; sarà poi la brava commessa (se è brava) a definire la nostra idea di scarpe da ginnastica. Durante la consulenza, come vedremo in seguito, anche noi dovremo definire, comprendere e analizzare le necessità del cliente.

Durante una trattativa è di fondamentale importanza conoscere nel dettaglio i bisogni e le necessità del nostro cliente, in modo da potergli offrire un bene/servizio che soddisfi appieno il suo bisogno, palese, latente e relazionale. Il sistema migliore per stilare questa analisi è rivolgere delle domande al cliente usando una tecnica appositamente studiata, la *tecnica a imbuto*, che ci aiuta ad aprire il dialogo attraverso le domande aperte, per poi restringere progressivamente attraverso domande sempre più mirate (chiuse o a doppia opportunità). Bisogna iniziare con domande di carattere generale e proseguire man mano con quelle a carattere più specifico, che possono quindi fornire maggiori dettagli.

Il grande cavallo di battaglia di ogni venditore è saper utilizzare le domande che si dividono in:

- *Domande aperte.* Sono quelle che prevedono una risposta articolata da parte del cliente. Sono ottime quando vogliamo argomentare o vogliamo consentire al cliente di esporre le proprie necessità.
- *Domande chiuse.* Sono quelle che prevedono una risposta secca (sì o no) da parte del cliente. Queste domande sono da evitare in fase iniziale in quanto non "aprono" la discussione e ci espongono al no del cliente. Il classico esempio di errore è quello che fanno le commesse nei negozi di abbigliamento

quando ci chiedono: «Posso aiutarla?» E noi, immancabilmente, rispondiamo: «No». La domanda corretta sarebbe: «Come posso aiutarla?»

- *Domande riformulanti*. Sono quelle che consistono nel ripetere un pensiero espresso dal nostro cliente per fissare quanto detto. Ad esempio: «Poiché mi ha detto che le interessano gli occhiali con la montatura nera in celluloide che però abbiano una montatura fine, posso consigliarle questi?»
- *Domande a doppia opportunità*. Sono quelle con cui diamo due opportunità al cliente. Solitamente la doppia opportunità è positiva. Ad esempio: «Preferisce ordinare 300 pezzi con lo sconto del 20% o i normali 150?» Oppure: «Preferisce che per l'ordine venga martedì alle 8.00 o mercoledì alle 16.00?» Nelle domande DADO la cosa più importante è marcare la voce, anche alzando il tono, quando pronunciamo l'opzione che maggiormente ci aggrada.

SEGRETO n. 12: utilizzare le domande aperte, chiuse o DADO per creare un "imbuto" che porti il cliente a definire il suo bisogno e potergli fare un'offerta il più aderente possibile alle sue necessità.

Domande sull'azienda

Lavori in corso? Lavori in programma?

Che tipo di prodotti/servizi usa?

Specifico prodotto/servizio?

COME SI TROVA?

Quanto? Come?

OBIETTIVO

16

Un aspetto da non sottovalutare è quello dell'**ascolto empatico**, quello fatto cioè:

- con le orecchie (cosa dice);
- con gli occhi (come lo dice – linguaggio del corpo);
- spegnendo il dialogo interno per non rischiare di perdere qualche informazione importante;
- cogliendo le parole chiave;
- vedendo le cose come le vede il cliente, mettendosi, cioè, nei

suoi panni.

Ancora più importante è l'**ascolto attivo**, che consiste nel prendere appunti durante la fase di analisi del bisogno, allo scopo di avere una traccia scritta delle necessità del cliente e, soprattutto, per non rischiare di dimenticarsi dettagli importanti di quello che viene detto.

SEGRETO n. 13: bisogna motivare le domande e non risultare intrusivi o curiosi; inoltre, se motiviamo una domanda, il cliente tenderà a rispondere con maggior sincerità.

Il prendere appunti darà al nostro cliente la sensazione di essere ascoltato e si sentirà gratificato, favorendo maggiormente la comunicazione. All'inizio, o durante la prima visita, si può anche chiedere al cliente se si possono prendere appunti, giustificandosi con la necessità di ricordare meglio quanto ci dice e poter aderire maggiormente ai suoi bisogni.

SEGRETO n. 14: Ricordarsi di prendere appunti: per quanto

la nostra memoria sia "di ferro", dopo una trattativa di mezz'ora non riusciremo mai a ricordare date, numeri ecc.

Un ulteriore consiglio: per motivare il cliente a fornire risposte sempre più specifiche e sincere, è indispensabile *motivare le domande*, dare cioè valide motivazioni alle questioni che vengono poste, in modo da non essere considerati indiscreti o curiosi e, soprattutto, per migliorare il nostro approccio con il cliente.

Prendere appunti, invece, è fondamentale in primo luogo per l'analisi del bisogno e poi, in seconda battuta, per ricapitolare in fase di argomentazione oppure quando in conclusione andiamo a fissare i punti di interesse sui quali basiamo la nostra esposizione finale.

SEGRETO n. 15: in fase di esposizione dobbiamo sempre ricapitolare quanto ci ha detto il nostro cliente per dargli l'impressione che la nostra argomentazione deriva direttamente dall'analisi delle sue necessità.

RIEPILOGO DEL CAPITOLO 3:

- SEGRETO n. 11: spesso il cliente non ha ben chiari quali siano i suoi bisogni; siamo noi a doverlo aiutare a definire le sue necessità.
- SEGRETO n. 12: utilizzare le domande aperte, chiuse o DADO per creare un “imbuto” che porti il cliente a definire il suo bisogno e potergli fare un’offerta il più aderente possibile alle sue necessità.
- SEGRETO n. 13: bisogna motivare le domande e non risultare intrusivi o curiosi; inoltre, se motiviamo una domanda, il cliente tenderà a rispondere con maggior sincerità.
- SEGRETO n. 14: Ricordarsi di prendere appunti: per quanto la nostra memoria sia “di ferro”, dopo una trattativa di mezz’ora non riusciremo mai a ricordare date, numeri ecc.
- SEGRETO n. 15: in fase di esposizione dobbiamo sempre ricapitolare quanto ci ha detto il nostro cliente per dargli l’impressione che la nostra argomentazione deriva direttamente dall’analisi delle sue necessità.

CAPITOLO 4:
Come rispondere alle obiezioni

Argomentazione

Al termine dell'analisi del bisogno è necessario fare un resoconto delle informazioni raccolte tramite le domande poste al cliente, in modo che ci sia un riscontro da parte sua nel caso si avesse mal interpretato o dimenticato qualche dettaglio importante e quindi, eventualmente, integrare l'analisi.

La domanda «cosa ne pensa?» serve a concludere questa fase e consente al cliente sia di pensare alle domande che gli sono state poste sia, soprattutto, di iniziare a riflettere se concludere o meno l'affare. Inoltre, permette al venditore di rielaborare tutte le informazioni ricevute per poter affrontare la penultima parte, la più difficile da gestire: quella del superamento delle obiezioni.

SEGRETO n. 16: «Cosa ne pensa?» è la domanda più temuta dai venditori e invece dovrebbe essere quella più utilizzata: è

un modo per capire cosa pensa il nostro cliente di quel che stiamo dicendo.

Il superamento delle obiezioni

Ecco alcune possibili risposte del cliente alla domanda «Cosa ne pensa?»

- sì;
- sì, però...;
- no.

Analizziamole singolarmente per cercare di capire come gestirle nel miglior modo a proprio vantaggio.

Sì

Se le risposte sono positive permettono di concludere la trattativa senza troppe difficoltà. Una tecnica efficace consiste nel cogliere al volo questa opportunità cercando di rispondere per esempio alla domanda «Per quando sarà pronto?» con un'altra domanda: «Per quando le serve?» In questo modo non si rischia di deludere il cliente, perché non si possono sapere i tempi di consegna senza consultarsi prima con il responsabile di produzione. Né si rischia di fare brutte figure, passando per una persona che vende senza aver controllato in magazzino, ma soprattutto si resta fissati e mirati sulle specifiche esigenze del cliente; l'unica cosa che, di fatto, conta.

SEGRETO n. 17: se la risposta è «sì», non si deve mollare la presa e rilassarsi ma definire tutto ciò che è "accessorio" per non rischiare di deludere il cliente.

Sì, però...

Se le risposte sono positive ma lasciano aperto qualche dubbio, bisogna rafforzare le convinzioni del cliente, ampliando il positivo e deviando (o addirittura dimenticando) il negativo, sottolineando cioè i punti di forza e cercando di convincere il cliente che i suoi dubbi sono facilmente risolvibili.

Se ad esempio un prodotto costa troppo, si deve puntare sulle sue qualità, focalizzando l'attenzione del cliente sui risultati che questo prodotto permetterebbe di ottenere.

Di fatto stiamo parlando proprio della variabile prezzo, perché ognuno di noi quando decide di acquistare qualcosa stima a monte il budget che è disposto a investire per soddisfare il proprio bisogno, ma lo fa sempre al ribasso.

SEGRETO n. 18: se la risposta è «sì, però...» dobbiamo tenere conto del positivo e cercare di ampliarlo; mai focalizzarsi sul negativo in quanto potrebbe convincere ancora di più il nostro cliente a propendere per il «no».

Cosa accade quando poi troviamo qualcosa che soddisfa pienamente i nostri bisogni ma costa più di quanto "speravamo" di spendere? Iniziamo a dire «sì, però...» (che, non dimentichiamolo, nella mente del nostro cliente, se non siamo bravi, è ancora un no!)

Quello che però il venditore sa e non dimentica mai è che il prezzo è una variabile puramente soggettiva, che cambia a seconda della percezione e delle esperienze di ognuno, perciò quando un cliente dice «bello, però costa troppo», in realtà sta dicendo «convincimi di più!»

Un esempio che capita spesso potrebbe essere questo. Il cliente dice: «Sì, mi piace il colore, mi piace il profumo, trovo l'offerta interessante, il design è molto accattivante... però costa troppo».

Di solito il venditore si catapulta immediatamente sull'argomento "costo" dicendo che il prezzo è dato dalla qualità ecc., senza pensare che, per il cliente, l'idea del "troppo caro" non passa! Cosa c'è di meglio, invece, dell'autoconvincersi che il prezzo è giusto per noi? Ecco alcuni esempi di come dovrebbe rispondere il venditore:

- «Ah bene, quindi per lei il colore è importante?»
- «Giusto! E quindi trova che abbia un buon profumo?»
- «Esatto! Per lei il design è importante, mi diceva... vero?»
- «Bene, quindi preferisce l'offerta base o quella da 100 pezzi con lo sconto?»

Non credete che se il venditore mi induce a descrivere e argomentare per 5-10 minuti il perché mi piace il prodotto, alla fine, mi sarò convinto (da solo) che è il prodotto giusto per me e che il prezzo (o l'eventuale obiezione) passerà in secondo o terzo piano?

No

Ci saranno anche dei clienti che risponderanno che non sono interessati ai nostri servizi/prodotti. In questo caso, il cliente ha già deciso che non è interessato a quello che gli si offre e l'unica alternativa è quella di deviare il discorso e ripartire dall'analisi dei bisogni per far emergere qualche altro bisogno latente.

SEGRETO n. 19: se la risposta è «no», abbiamo due possibilità: rimandare il cliente a un altro appuntamento preparandoci su un altro prodotto, oppure ricominciare con l'analisi dei bisogni in quanto, probabilmente, non abbiamo colto quelli del nostro interlocutore.

RIEPILOGO DEL CAPITOLO 4:

- SEGRETO n. 16: «Cosa ne pensa?» è la domanda più temuta dai venditori e invece dovrebbe essere quella più utilizzata: è un modo per capire cosa pensa il nostro cliente di quel che stiamo dicendo.
- SEGRETO n. 17: se la risposta è «sì», non si deve mollare la presa e rilassarsi ma definire tutto ciò che è "accessorio" per non rischiare di deludere il cliente.
- SEGRETO n. 18: se la risposta è «sì, però...» dobbiamo tenere conto del positivo e cercare di ampliarlo; mai focalizzarsi sul negativo in quanto potrebbe convincere ancora di più il nostro cliente a propendere per il «no».
- SEGRETO n. 19: se la risposta è «no», abbiamo due possibilità: rimandare il cliente a un altro appuntamento preparandoci su un altro prodotto, oppure ricominciare con l'analisi dei bisogni in quanto, probabilmente, non abbiamo colto quelli del nostro interlocutore.

CAPITOLO 5:

Come concludere una trattativa vincente

Concludere una trattativa

La conclusione della nostra trattativa dovrà essere gestita possibilmente attraverso le cosiddette domande DADO (domande a doppia opportunità) e deve essere nelle mani del cliente, nel senso che non bisogna imporgli nulla. La cosa migliore sarebbe che fosse lui a chiedere un preventivo e un eventuale secondo incontro.

L'obiettivo è appunto quello di creare un passaparola positivo, anche se la trattativa non si conclude. Mentre svolgiamo la trattativa, o durante una qualsiasi visita, deve sempre esserci chiaro che il nostro fine è quello di ottenere la RAT (acronimo che sta per *Referenza Attiva Totale*) del nostro cliente. Per essere un venditore di successo non è sufficiente che i nostri clienti continuino a ordinare prodotti, ma è necessario che parlino bene di noi ai propri conoscenti e che ci consiglino a loro! Quindi la RAT consiste nell'arrivare a soddisfare così a fondo il nostro cliente che si sentirà di consigliarci come consulenti ad amici e colleghi.

SEGRETO n. 20: quando siamo con il nostro cliente, dobbiamo puntare al raggiungimento della RAT.

I clienti devono parlare in maniera positiva del modo in cui è stata gestita la trattativa, dell'attenzione rivoltagli, al fatto che non si è approfittato della propria dialettica e comunicatività per vendere qualcosa di non necessario: insomma, di essersi comportati nella maniera più educata e corretta possibile.

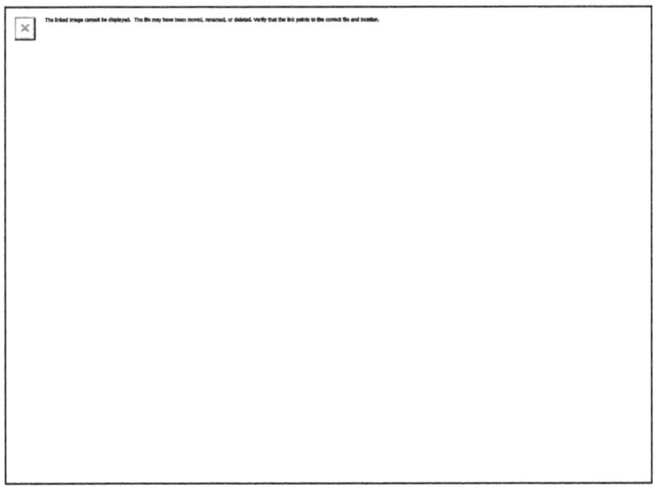

Ricordiamoci quindi che, per aumentare al massimo le possibilità di riuscita, ogni trattativa deve passare per 7 fasi. Non bisogna mai improvvisare una visita; la preparazione è importante perché, senza un'adeguata preventiva organizzazione di quello che vogliamo dire e presentare, e senza conoscere il cliente, partiremmo già deficitari nella fase di analisi del bisogno.

Durante l'approccio dobbiamo tener conto che non dobbiamo essere invasivi ma non dobbiamo nemmeno metterci nella posizione di "succubi" dal nostro cliente. L'agente sottomesso perderà la trattativa! L'analisi del bisogno, trattata ampiamente nei capitoli precedenti, ci permetterà di predisporre un'offerta il più aderente possibile alle necessità del nostro cliente. In questa fase dobbiamo avere tutti i nostri sensi in allarme in quanto il cliente manifesterà i segnali d'acquisto!

SEGRETO n. 21: se veniamo visti come consulenti e non come venditori le nostre possibilità di successo aumentano e inoltre, anche se la vendita non va in porto, saremo i benvenuti nelle visite successive al cliente.

Se l'analisi del bisogno è stata fatta adeguatamente e abbiamo captato i segnali d'acquisto, la successiva fase dell'argomentazione avrà un'altissima percentuale di successo in quanto la nostra offerta sarà conforme a ciò che il cliente si aspetta da noi.

Qualsiasi sia la conclusione, se le fasi precedentemente descritte sono state eseguite correttamente, avremo modo di tornare dal nostro cliente poiché non saremo percepiti come semplici venditori ma saremo visti come consulenti.

Dobbiamo inoltre ricordare che, alla fine di ogni visita, magari già appena saliamo in auto, dobbiamo appuntarci impressioni, problematiche e punti di forza in quanto una sistematica analisi della visita ci permette di evitare i comportamenti limitanti e di puntare invece sulle nostre potenzialità.

SEGRETO n. 22: analizzare la visita, non solo per imparare dai propri "errori" ma soprattutto per capire le proprie potenzialità e puntare su di esse!

RIEPILOGO DEL CAPITOLO 5:

- SEGRETO n. 20: quando siamo con il nostro cliente, dobbiamo puntare al raggiungimento della RAT.
- SEGRETO n. 21: se veniamo visti come consulenti e non come venditori le nostre possibilità di successo aumentano e inoltre, anche se la vendita non va in porto, saremo i benvenuti nelle visite successive al cliente.
- SEGRETO n. 22: analizzare la visita, non solo per imparare dai propri “errori” ma soprattutto per capire le proprie potenzialità e puntare su di esse!

Conclusione

La vendita è una delicata miscellanea di tecnica, sensazioni, organizzazione e perseveranza. Non esiste la vendita facile e purtroppo non esiste il prodotto facile; però il venditore che è attento ai bisogni del cliente, che fa le sue visite con cadenza e regolarità, che non si scoraggia quando ha incassato 2, 3 o 4 "no" dallo stesso cliente e che si mantiene in continuo aggiornamento ha sicuramente grandissime possibilità di riuscita.

Il mio personale consiglio è di non prendere la vendita come ripiego pensando che la vita dell'agente sia ricca di libertà perché la giornata di un buon agente inizia "timbrando il cartellino" ogni mattina quando all'apertura delle attività del cliente è già davanti alla prima porta e finisce la sera dopo cena quando si inviano gli ordini all'azienda e si studia il giro visite pianificato per il giorno successivo.

Posso però dire che, se si ama il prodotto che si vende, se si mettono in atto tutte le accortezze spiegate in questo corso, quella del venditore è una professione appagante perché dà la possibilità di mettersi alla prova ogni giorno e di non conoscere la noia o la routine.

Auguro a tutti felicità e successi nella professione.

www.ingramcontent.com/pod-product-compliance
Ingram Content Group UK Ltd.
Pitfield, Milton Keynes, MK11 3LW, UK
UKHW022010190726
13853UKWH00004B/1863